Matthias Fiedler

Ideea inovativului matching imobiliar: Intermediere imobiliară simplificată

Matching imobiliar: Intermediere imobiliară eficientă, simplă și profesională printr-un inovativ portal de matching imobiliar

Impressum

Ediația 1 printată | Februarie 2017
(Apărută inițial în germană, decembrie 2016)

© 2016 Matthias Fiedler

Matthias Fiedler
Erika-von-Brockdorff-Str. 19
41352 Korschenbroich
Germania
www.matthiasfiedler.net

Editarea și tipărirea:
Vezi ultima pagină

Realizare copertă: Matthias Fiedler
Realizare E-book: Matthias Fiedler

ISBN-13 (Paperback): 978-3-947184-74-3
ISBN-13 (E-Book mobi): 978-3-947128-76-1
ISBN-13 (E-Book epub): 978-3-947128-77-8

Informații bibliografice de la Biblioteca Națională a Germaniei: Biblioteca Națională a Germaniei înregistrează această publicație în bibliografia națională germană; date bibliografice detaliate găsiți pe Internet la adresa http://dnb.d-nb.de

CONȚINUT

În această carte se prezintă un concept revoluționar pentru un portal de matching imobiliar internațional (app - aplicație) cu calcularea potențialului de profit (miliarde de Euro), care este integrat într-un software de intermediere imobiliară, inclusiv evaluare imobiliară (potențial de câștig de miliarde de Euro).

Prin acesta se pot utiliza sau închiria imobile de locuit sau comerciale, în mod eficient și cu economisirea timpului. Reprezintă viitorul intermedierii imobiliare inovative și profesioniste pentru toți agenții imobiliari și cei interesați de acest domeniu. Matchingul imobiliar funcționează în aproape toate țările și chiar la nivel transfrontalier.

În loc de a "aduce" imobilele la cumpărători sau chiriași, prin portalul de matching imobiliar conectează persoanele interesate de piața imobiliară în mod calificat (profil de căutare) cu imobilele de intermediat ale agenților imobiliari.

CUPRINS

CUVÂNT ÎNAINTE

În anul 2011 am analizat şi am dezvoltat ideea matchingului imobiliar inovativ descrisă aici.

Sunt activ pe piaţa imobiliară încă din 1998 (printre altele intermediere imobiliară, vânzări şi cumpărări, evaluare, închiriere şi dezvoltare de proprietăţi). Printre alte sunt specialist imobiliar (IHK), economist licenţiat în imobiliare (ADI) şi referent pentru evaluare imobiliară (DEKRA) precum şi membru în asociaţia imobiliară internaţional recunscută Royal Institution of Chartered Surveyors (MRICS).

Matthias Fiedler
Korschenbroich, la 31.10.2016
www.matthiasfiedler.net

1. Ideea inovativului matching imobiliar: Intermediere imobiliară simplificată

Matching imobiliar: Intermediere imobiliară eficientă, simplă și profesională printr-un inovativ portal de matching imobiliar

În loc de a "aduce" imobilele la cumpărători sau chiriași, prin portalul de matching imobiliar (app - aplicație) conectează persoanele interesate de piața imobiliară în mod calificat (profil de căutare) cu imobilele de intermediat ale agenților imobiliari.

2. Scopul persoanelor interesate de imobile și al ofertanților imobiliari

Din perspectiva vânzătorului și al persoanelor ce închiriază imobile este important ca imobilele să se vândă resp. închirieze rapid și cu un preț cât mai mare.

Din perspectiva celor interesați să cumpere sau să ia în chirie este important să găsească imobilul dorit, pe care să îl poată cumpăra resp. închiria cât mai rapid și fără probleme.

3. Procedura de până acum la căutarea imobilelor

De regulă, persoanele interesate caută imobilele în regiunea dorită pe marile portaluri imobiliare pe Internet. Acolo pot solicita să primească pe email imobilele resp. linkuri către imobile, dacă au specificat un profil de căutare detaliat. Adesea, acest lucru se face pe 2-3 portaluri imobiliare. La final, ofertanții sunt contactați de regulă prin email. Astfel, ofertanții au posibilitatea și aprobarea de a lua legătura cu persoanele interesate.

În plus, persoanele interesate contactează separat agenții imobiliare din regiunea dorită și își creează de asemenea un profil de căutare detaliat.

La ofertanții de pe portalurile imobiliare este vorba de ofertanți privați și comerciali. Ofertanții comerciali sunt în majoritate agenții imobiliare și parțial companii de construcții, intermediari imobiliari și alte tipuri de companii imobiliare (în text, ofertanții comerciali sunt indicați ca agenți imobiliari).

4. Dezavantajul ofertanților privați / avantajul agenților imobiliare

La imobilele de vânzare, din partea vânzătorului privat nu se asigură întotdeauna o vânzare imediată, pentru că, de exemplu la imobilele moștenite nu există încă o înțelegere între moștenitori sau lipsește certificatul de moștenire. În plus, pot apărea chestiuni legale neclarificate, ca de exemplu dreptul de habitație, care îngreunează vânzarea.

La imobilele de închiriat se poate întâmpla ca proprietarii privați să nu fi obținut autorizația oficială, de exemplu când un imobil comercial (suprafață) trebuie închiriat ca apartament.

Dacă un agent imobiliar acționează ca ofertant, acesta a clarificat de regulă aspectele de mai sus. În plus, de regulă există deja toate documentele imobilului relevante (cadastru, plan zonal, certificat energetic, registrul imobilului, documentele autorităților locale etc.). – Astfel o vânzare sau o închiriere se poate face rapid şi fără complicaţii.

5. Matching imobiliar

Pentru a se realiza un matching rapid și eficient între persoanele interesate și vânzător resp. proprietarul ce închiriază, în general este important să se ofere o procedură sistematizată și profesională.

Aceasta se realizează printr-o procedură structurată diferit la căutare și găsire între agentul imobiliar și persoanele interesate. Aceasta înseamnă că în loc de a "aduce" imobilele la cumpărători sau chiriași, prin portalul de matching imobiliar (app - aplicație) conectează persoanele interesate de piața imobiliară în mod calificat (profil de căutare) cu imobilele de intermediat ale agenților imobiliari.

În prima etapă persoanele interesate specifică un profil de căutare concret în portalul de matching imobiliar. Acest profil de căutare include cca. 20 de opțiuni. Printre altele, următoarele opțiuni (nu este o enumerare completă) sunt esențiale pentru profilul de căutare.

- Regiune / Cod poștal / Localitate
- Tip obiect
- Dimensiune proprietate
- Suprafață de locuit
- Preț de vânzare / închiriere
- Anul construcției
- Etajul
- Numărul de camere
- Închiriat (da / nu)
- Boxă (da / nu)
- Balcon / terasă (da / nu)
- Tip de încălzire
- Loc de parcare (da / nu)

Aici este important ca opțiunile să nu fie specificate la întâmplare ci să fie selectate dând clic resp. deschizând câmpul respectiv (de ex. tip obiect) dintr-o listă cu variante / opțiuni prestabilite (de ex. la tip de obiect: apartament, locuință monofamilială, hală depozit, birou...).

Opțional, persoanele interesate pot crea și alte profiluri de căutare. O modificare a profilului de căutare este de asemenea posibilă.

În plus, persoanele interesate pot indica datele de contact complete în câmpul prevăzut. Acestea sunt numele, prenumele, strada, numărul, codul poștal, localitatea, telefonul și emailul.
În acest context persoanele interesate își dau acordul pentru a fi contactate și pentru ca din partea agențiilor imobiliare să fie trimise imobilele adecvate (expunere).

În plus, persoanele interesate încheie un contract cu operatorul portalului de matching imobiliar.

În etapa următoare, profilele de căutare sunt disponibile printr-o interfață de programare (API

– Application Programming Interface) – comparabilă cu, de exemplu, interfața de programare „openimmo" în Germania – agențiilor imobiliare conectate, încă invizibil. Aici atragem atenția asupra faptului că această interfață de programare - practic cheia pentru implementare - trebuie să fie compatibilă cu aproape orice software de agenție imobiliară resp. să asigure transmisia. Dacă nu, acest lucru trebuie rezolvat tehnic. -Pentru că în practică există deja interfețe de programare, cum ar fi cea menționată anterior "openimmo" precum și altele asemenea, o transmitere a profilelor de căutare ar trebui să fie posibilă.

În acest moment agențiile imobiliare compară imobilele pe care le intermediază cu profilele de căutare. Pentru aceasta, imobilele sunt introduse în portalul de matching imobiliar și opțiunile respective sunt comparate și conectate.

După o cuplare reuşită rezultă un matching procentual cu specificarea corespunzătoare. - Începând de la un matching de exemplu de 50%, profilele de căutare devin vizibile în software-ul agenţiei imobiliare.

Opţiunile individuale sunt analizate între ele (sistem de puncte), astfel încât după o comparare a opţiunilor să rezulte un procentaj pentru matching (probabilitatea de corespondenţă). - De exemplu, pentru opţiunea "Tip obiect" se oferă un punctaj mai mare decât pentru "Suprafaţă de locuit". Suplimentar se pot selecta anumite opţiuni (de ex. boxă), pe care aceste imobilele trebuie să le aibă.

În cadrul comparării opţiunilor pentru matching trebuie avut în vedere să se ofere accesul agenţiilor imobiliare doar din regiunile dorite (înregistrate). Aceasta reduce efortul de comparare a datelor. În primul rând pentru că agenţiile imobiliare foarte adesea operează doar la nivel regional. - Aici atragem atenția că prin așa-numitul "Cloud" are loc o stocare și o prelucrare de cantități foarte mari de date în ziua de astăzi.

Pentru a se asigura o intermediere imobiliară profesionistă, doar agențiile imobiliare au acces la profilele de căutare.

Pentru aceasta agențiile imobiliare încheie un contract cu operatorul portalului de matching imobiliar.

După comparare / matching, agențiile imobiliare au dreptul de a contacta persoanele interesate și viceversa. Aceasta înseamnă că atunci când agenția imobiliară a trimis o prezentare persoanei interesate, se va documenta un certificat de activitate resp. dreptul agentului imobiliar la un comision de agent în cazul unei vânzări sau închirieri.

Aceasta impune ca agentul imobiliar să fie
însărcinat de proprietar (vânzător sau persoană
care închiriază) cu intermedierea imobilului sau
să existe acordul de a oferta imobilele.

6. Domenii de utilizare

Matchingul imobiliar descris aici este utilizabil pentru imobilele de vânzare sau de închiriat în sectorul imobiliar comercial sau de locuit. Pentru imobilele comerciale sunt necesare opțiuni imobiliare suplimentare corespunzătoare.

Din partea persoanei interesate poate acționa, cum se întâmplă în practică, și un agent imobiliar, dacă acționează de exemplu în numele unui client.

Din punct de vedere spațial, portalul de matching imobiliar poate fi transferat în aproape orice țară.

7. Avantaje

Acest matching imobiliar oferă avantaje majore pentru cei interesați, dacă de exemplu căutați un imobil în regiunea dumneavoastră (localitatea de domiciliu) sau dacă vă schimbați locul de muncă și căutați în alt oraș/regiune.

Vă creați doar o singură dată profilul de căutare și vi se vor trimite imobile adecvate de la agențiile imobiliare active în regiunea dorită.

Pentru agenții imobiliari apar astfel avantaje majore în ceea ce privește eficiența și timpul economisit pentru vânzare. resp. închiriere.

Veți primi imediat o prezentare a potențialului de persoane interesate pentru fiecare dintre imobilele oferite de dumneavoastră.

În plus, agenții imobiliari pot aborda direct grupele țintă relevante, care și-au exprimat dorința concretă prin crearea unui profil de căutare (printre altele trimiterea expozeului imobiliar).

Astfel crește calitatea contactărilor persoanelor interesate, care știu ce anume își doresc. Astfel se reduce numărul de programări de vizitare. - Astfel se reduce și intervalul de punere pe piață pentru imobilele de intermediat.

După vizualizarea de către persoanele interesate a imobilelor de intermediat are loc - ca de obicei - încheierea unui contract de vânzare sau închiriere.

8. Exemplu de calcul (potențial) - doar apartamente și case private (fără apartamente sau case închiriate sau imobile comerciale)

Din exemplu următor reiese clar ce potențial are portalul de matching imobiliar.

Într-o zonă cu 250.000 de locuitori, cum ar fi orașul Mönchengladbach, există aproximativ 125.000 de gospodării (2 locuitori per gospodărie). Rata de relocare este în medie de cca. 10%. Astfel, circa 12.500 de gospodării se relochează anual. - Soldul pentru mutarea în și din Mönchengladbach nu a fost luat aici în calcul. - Dintre acestea cca. 10.000 gospodării (80%) caută o locuință de închiriat și cca. 2.500 (20%) una de cumpărat.

Conform raportului pentru piața imobiliară al orașului Mönchengladbach, în 2012 au avut loc 2.613 tranzacții de vânzare de imobile. - Aceasta confirmă numărul menționat anterior de 2.500 persoane interesate de cumpărare. În realitate sunt însă mai multe, pentru că, de exemplu, nu fiecare persoană interesată și-a găsit imobilul dorit. În mod aproximativ, numărul persoanelor interesate efectiv resp. în mod concret numărul de profile de căutare va fi de două ori mai mare decât rata de relocare medie de cca. 10% și anume 25.000 profile de căutare. Aceasta include printre altele și faptul că persoanele interesate vor crea mai multe profile de căutare în portalul de matching imobiliar.

Un alt aspect ce merită menționat este faptul că, din exeperiența de până acum, circa jumătate dintre cei interesați (cumpărători și chiriași) și-au găsit imobilul printr-o agenție imobiliară, așadar în total 6.250 gospodării.

De căutat însă minim 70% dintre gospodării au căutat prin portalurile imobiliare de pe Internet, așadar în total 8.750 gospodării (corespunde 17.500 profile de căutare).

Dacă 30% dintre toți cei interesați, adică 3.750 gospodării (corespunde 7.500 profile de căutare) și-ar crea într-un oraș ca Mönchengladbach, profilul de căutare printr-un portal de matching imobiliar (App – aplicație), agențiile imobiliare conectate ar putea să ofere imobile adecvate, pe an, prin 1.500 profile de căutare concrete (20%) celor interesați de cumpărare și prin 6.000 de profile de căutare concrete (80%) celor interesați de închiriere.

Aceasta înseamnă că, la o durată de căutare medie de 10 luni și un preț de exemplu de 50 € pe lună pentru fiecare profil de căutare creat de persoanele interesate, rezultă, pentru 7.500 profile de căutare, un potențial de 3.750.000 € pe an într-un oraș cu 250.000 de locuitori.

La un calcul generalizat pentru întreaga Germanie cu un număr de locuitori rotunjit la 80.000.000

(80 milioane), rezultă un potențial de 1.200.000.000 € (1,2 miliarde €) pe an. - Dacă, în loc de 30% dintre toți cei interesați, 40% dintre aceștia ar căuta imobile prin portalul de matching imobiliar, potențialul crește la 1.600.000.000 € (1,6 miliarde €) pe an.

Acest potențial se referă doar la apartamente și case private. Imobilele de închiriat din sectorul clădirilor de locuit și întregul sector al clădirilor comerciale nu sunt incluse în acest calcul de potențial.

La un număr de cca. 50.000 de companii în Germania din domeniul intermedierii imobiliare (inclusiv companii de contrucții, comercianți imobiliari și alte companii imobiliare) cu cca. 200.000 de angajați și o proporție de 20% dintre aceste 50.000 companii ce ar utiliza acest portal de matching imobiliar cu în medie 2 licențe, rezultă la un preț de exemplu de 300 € pe lună per licență un potențial anual de 72.000.000 € (72 milioane €). În plus, se va face o înregistrare regională pentru profilele de căutare aferente, astfel încât, în funcție de configurare, se poate genera un potențial și mai mare.

Agenții imobiliari nu vor mai trebui să își actualizeze permanent propria bază de date de persoane interesate - în măsura în care există - datorită acestui potențial imens de persoane interesate cu profile de căutare concrete. În primul rând pentru că acest număr de profile de căutare actualizate va depăși cel mai probabil numărul de profile de căutare prezente în bazele de date ale agențiilor imobiliare.

Dacă acest inovativ portal de matching imobiliar va fi utilizat în mai multe țări, persoanele interesate să cumpere ar putea să creeze de exemplu din Germania un profil de căutare pentru apartamente de vacanță pe insula mediteraneană Mallorca (Spania) și agențiile imobiliare conectate din Mallorca ar putea să le prezinte celor interesați un apartament adecvat prin email.

- În măsura în care prezentările trimise sunt scrise în spaniolă, în ziua de astăzi persoanele interesate pot traduce direct pe Internet textul în germană cu ajutorul programelor de traducere în cel mai scurt timp.

Pentru a putea realiza matchingul profilelor de căutare ale imobilelor intermediate la nivelul tuturor limbilor în cadrul portalului se poate face o comparare a opțiunilor respective pe baza celor programate (matematic) - independent de limbă - și se pot aloca limbii respective la final.

La utilizarea portalului de matching imobiliar pe toate continentele, potențialul de câștig (doar persoanele interesante de căutare) ar putea fi calculat simplificat după cum urmează.

Populația globului:

7.500.000.000 (7,5 miliarde) locuitori

1. Populația din țările industrializate și foarte industrializate:

   2.000.000.000 (2.0 miliarde) locuitori

2. Populația din țările emergente:

   4.000.000.000 (4,0 miliarde) locuitori

3. Populația din țările în curs de dezvoltare:

   1.500.000.000 (1,5 miliarde) locuitori

Potențialul anual din Germania în valoare de 1,2 miliarde € la 80 de milioane de locuitori se multiplică cu următorii coeficienți pentru țările industrializate, emergente și în curs de dezvoltare.

1. Țări industrializate: 1,0

2. Țări emergente: 0,4

3. Țări în curs de dezvoltare: 0,1

Astfel rezultă următorul potențial anual (1,2 miliarde € x populație (țări industrializate, emergente sau în curs de dezvoltare) / 80 milioane locuitori x coeficient).

1. Ţări industrializate: 30,00 miliarde €

2. Ţări emergente: 24,00 miliarde €

3. Ţări în curs de dezvoltare: 2,25 miliarde €

Total: **56,25 miliarde €**

9. Pe scurt

Prin acest portal de matching imobiliar prezentat apar avantaje semnificative pentru cei în căutare de imobile (persoane interesate) și agenți imobiliari.

1. Persoanele interesate reduc semnificativ timpul de căutare a imobilelor adecvate, pentru că își creează doar o singură dată profilul de căutare.

2. Agenții imobiliari au o imagine de ansamblu asupra numărului de persoane interesate cu dorințe deja concrete (profil de căutare).

3. Persoanele interesate primesc informații doar despre imobilele dorite resp. adecvate (conform profilului de căutare) de la toate agențiile imobiliare (aproape o preselecție automată).

4. Agențiile imobiliare își reduc efortul de administrare a propriei baze de date pentru profile de căutare, pentru că au permanent la dispoziție un număr foarte mare de profile de căutare actualizate.

5. Pentru că doar ofertanții / agenții imobiliari comerciali sunt conectați la portalul de matching imobiliar, persoanele interesate vor avea de a face doar cu intermediari imobiliari profesioniști și experimentați.

6. Agenții imobiliari își reduc numărul de programări de vizitare și, în general, durata de punere pe piață. Pe de altă parte, persoanele interesate își reduc și ele numărul de programări de vizitare și timpul până a încheierea contractului de cumpărare sau închiriere.

7. Proprietarii imobilelor de vânzare sau închiriat beneficiază de asemenea de timpul economisit. În plus, intervine și o

perioadă redusă de neutilizare a imobilelor de închiriat şi o achitare mai rapidă a acontului la imobilele de vânzare printr-o închiriere sau vânzare mai rapidă şi astfel un avantaj financiar.

Prin realizarea resp. implementarea acestei idei a matchingului imobiliar se poate obţine un avans semnificativ în intermedierea imobiliară.

10. Integrarea portalului de matching imobiliar într-un nou software de agent imobiliar, inclusiv evaluare imobiliară

Ca finalitate, portalul de matching imobiliar aici descris poate resp. ar trebui să fie de la început componenta principală a unui nou - în mod ideal utilizabil internațional - software de agenție imobiliară. Aceasta înseamnă că agenții imobiliari pot utiliza portalul de matching imobiliar fie pe lângă software-ul de agenție imobiliară deja utilizat, fie, ideal, noul software de agenție imobiliară inclusiv portalul de matching imobiliar.

Prin integrarea acestui portal de matching imobiliar eficient și inovativ în propriul software de agenție imobiliară se realizează o independență fundamentală pentru software-ul de agenție imobiliară, care va fi esențială pentru penetrarea pieței.

Pentru că în intermedierea imobiliară evaluarea imobiliară este și rămâne un element esențial, în software-ul de agenție imobiliară trebuie neapărat integrat un tool de evaluare imobiliară. Evaluarea imobiliară prin metodele de calcul corespunzătoare poate accesa datele / parametrii relevanți din imobilele introduse / create ale agenției imobiliare prin conexiuni. Eventualii parametri lipsă vor fi completați de către agentul imobiliar prin expertiza sa pe piața regională.

În plus, software-ul de agenție imobiliară trebuie să ofere posibilitatea de a integra așa-numitele circuite imobiliare virtuale în imobilele de intermediat. Aceasta se poate implementa simplificat de exemplu prin dezvoltarea unui App (aplicație) suplimentare pentru telefon mobil și / sau tabletă, care, după preluarea reușită a circuitului imobiliar virtual, îl va integra resp. implementa complet automat în software-ul de agenție imobiliară.

În măsura în care portalul de matching imobiliar eficient și inovativ se integrează în noul software de agenție imobiliară pe lângă evaluarea imobiliară, crește astfel potențialul de câștig în mod exponențial.

Matthias Fiedler

Korschenbroich, la 31.10.2016

Matthias Fiedler

Erika-von-Brockdorff-Str. 19

41352 Korschenbroich

Germania

www.matthiasfiedler.net